El cuidado
de las mascotas

# Los cachorros

# Rebecca Sjonger y Bobbie Kalman

## Fotografías de Marc Crabtree

🌳 Crabtree Publishing Company

www.crabtreebooks.com

El cuidado de las mascotas

# Los cachorros
## Un libro de Bobbie Kalman

Dedicado por Heather Fitzpatrick
A Gloria Nesbitt y su peludo amigo favorito, Dawson

**Editora en jefe**
Bobbie Kalman

**Equipo de redacción**
Rebecca Sjonger
Bobbie Kalman

**Editora de contenido**
Kathryn Smithyman

**Editoras**
Amanda Bishop
Kelley MacAulay

**Director artístico**
Robert MacGregor

**Diseño**
Margaret Amy Reiach

**Coordinación de producción**
Heather Fitzpatrick

**Investigación fotográfica**
Crystal Foxton

**Consultor**
Dr. Michael A. Dutton, DVM, DABVP,
Weare Animal Hospital,
www.weareanimalhospital.com

**Consultor lingüístico**
Dr. Carlos García, M.D., Maestro bilingüe de Ciencias,
 Estudios Sociales y Matemáticas

**Agradecimiento especial a**
Jeremy Payne, Dave Payne, Shelbi Setikas, Bailee Setikas, Arunas
Setikas, Sheri Setikas, Gloria Nesbitt, Lateesha Warner, Connie
Warner, Nancy Richards y Healey, Jeannette Thompson y
Emma, Michelle Hagar, John Hagar y Buckley, Rose Gowsell,
Gary Pattison y Tank, Kathy Middleton, Vanessa Diodatti

**Fotografías**
John Daniels/ardea.com: página 13 (superior)
Marc Crabtree: portada, páginas 1, 4, 5, 14, 15 (superior y central),
 16, 18, 19 (inferior), 20, 21 (cepillos), 22, 24, 25, 28, 29 (inferior), 30, 31
Bobbie Kalman: página 7 (inferior)
Otras imágenes de PhotoDisc, Comstock y Adobe Image Library

**Ilustraciones**
Barbara Bedell: páginas 26, 27
Margaret Amy Reiach: página 17

**Traducción**
Servicios de traducción al español y de composición
 de textos suministrados por translations.com

## Crabtree Publishing Company
www.crabtreebooks.com        1-800-387-7650

Cataloging-in-Publication Data
Sjonger, Rebecca.
 [Puppies. Spanish]
 Los cachorros / written by Rebecca Sjonger and Bobbie Kalman.
  p. cm. -- (El cuidado de las mascotas)
 Includes index.
 ISBN-13: 978-0-7787-8455-5 (rlb)
 ISBN-10: 0-7787-8455-X (rlb)
 ISBN-13: 978-0-7787-8477-7 (pbk)
 ISBN-10: 0-7787-8477-0 (pbk)
 1. Puppies--Juvenile literature. 2. Dogs--Juvenile literature. I. Kalman, Bobbie,
1947- II. Title. III. Series.
 SF426.5.S57 2006
 636.7'07--dc22
                                                                2005036528
                                                                LC

**Publicado en
los Estados Unidos**

PMB16A
350 Fifth Ave.
Suite 3308
New York, NY
10118

**Publicado
en Canadá**

616 Welland Ave.,
St. Catharines, Ontario
Canadá
L2M 5V6

**Publicado en el
Reino Unido**

White Cross Mills
High Town, Lancaster
LA1 4XS
Reino Unido

**Publicado
en Australia**

386 Mt. Alexander Rd.,
Ascot Vale (Melbourne)
VIC 3032

# Contenido

# ¿Qué son los cachorros?

Los cachorros son perros jóvenes. Los perros son **mamíferos**. Los mamíferos son animales que tienen columna vertebral. Como todos los mamíferos, los cachorros tienen pelo o vello en el cuerpo. Las hembras producen leche dentro de su cuerpo para alimentar a sus crías.

## El cuerpo de los cachorros

ojo

oreja

hocico

cola

pelaje

pata

uñas

# Lobos salvajes

Los perros que tenemos como mascotas están emparentados con los lobos. Los lobos viven y cazan en **jaurías**, o grupos. Hace tiempo, algunos fueron domados por las personas. Después de muchos años, estos lobos se convirtieron en perros mascota. Actualmente, los perros necesitan a las personas para recibir alimento y cariño.

*¡La familia con la que vive este perro es su jauría!*

5

# ¿La mejor mascota para ti?

Los cachorros son mascotas populares porque son lindos, leales y divertidos. Sin embargo, cuidarlos bien puede ser mucho trabajo. Tú y tu familia tendrán que alimentarlo, sacarlo a pasear y jugar con él todos los días. También necesitan ser **entrenados** y **acicalados**, o limpiados.

*¡Serás el mejor amigo de tu mascota!*

## Vida de perro

Tu cachorro formará parte de tu familia por largo tiempo. La mayoría de los perros viven entre seis y dieciséis años. A medida que tu perro envejezca, tendrás que seguir amándolo y cuidándolo todos los días.

## ¿Estás listo?

Antes de decidir conseguir un cachorro, reúne a tu familia y respondan estas preguntas.

- ¿Quién le dará de comer todos los días?

- **¿Educarás** a tu cachorro para que sepa dónde orinar y defecar y limpiarás sus desechos?

- ¿Tendrás tiempo para acicalar a tu cachorro?

- ¿Pasarás al menos diez minutos todos los días entrenando a tu perro para que se comporte?

- ¿Tienes tiempo para sacarlo a pasear y jugar con él?

- Un perro puede costar mucho dinero por año. ¿Tu familia está preparada para comprarle alimento y darle cuidados especiales?

- ¿Algún miembro de tu familia es **alérgico** a los perros?

# Montones de perros

Hay perros de todos los tamaños, formas y colores. Hay cientos de **razas**, o tipos, de perros para tener como mascota. Los perros de la misma raza se parecen y actúan de la misma manera. Los perros de **pura raza** son aquellos cuyos padres y abuelos son de la misma raza. Un cachorro de pura raza será igual que sus padres cuando crezca. Sabrás cómo se verá y cómo actuará cuando sea adulto. En estas páginas se muestran algunas de las razas más populares.

*Los labradores retriever o cobradores de labrador son perros grandes y fuertes. Son mascotas amistosas para la familia.*

*Los pastores alemanes son muy inteligentes. ¡La policía suele usarlos para trabajar!*

*Los dachshund son muy activos. Tienen un cuerpo largo con forma de salchicha. ¡Algunos los llaman "perros salchicha"!*

*¡A los golden retriever o cobradores dorados les encanta divertirse! Estos perros necesitan mucho espacio para correr y jugar.*

# Razas cruzadas

Los perros **mestizos**, o de razas cruzadas, son aquellos cuyos padres y abuelos son de distintas razas. Es difícil saber qué aspecto tendrán cuando sean adultos. Sin embargo, ¡son excelentes mascotas! Los perros mestizos son amistosos y saludables. También son más baratos que los de pura raza.

# Recién nacidos

Los perros nacen en **camadas**, o grupos, de hasta doce cachorros. Los cachorros **recién nacidos**, o crías, son muy pequeños. Cuando nacen, no pueden ver ni oír. La mayoría de los cachorros abren los ojos por primera vez cuando tienen aproximadamente dos semanas de vida. Poco después, ya pueden oír.

*Cuando el cachorro tenga más o menos un mes de edad, comenzará a jugar con sus hermanos. ¡Entonces también podrás jugar con ellos!*

## Cerca de mamá

Un cachorro necesita estar con la madre antes de que pueda vivir con tu familia. Debe permanecer con la madre hasta que tenga entre ocho y once semanas. Entonces tendrá edad suficiente para dejar a su familia y unirse a la tuya.

# Elige tu cachorro

Para encontrar un cachorro, pregunta a los **veterinarios**, amigos, o al personal del **refugio de animales** de tu localidad si saben de alguien que esté regalando cachorros. También puedes comprar uno a un **criador** o en una tienda de mascotas. Asegúrate de obtener tu mascota de personas que cuiden mucho a sus perros y cachorros.

## Qué buscar

Probablemente elijas un cachorro juguetón y amistoso. ¡Asegúrate de que también esté sano! Elige un cachorro que:

- Tenga los ojos limpios y alerta.

- Tenga las orejas limpias y brillantes, sin cera adentro.

- Tenga el hocico, trasero y pelaje limpios.

- No tenga **pulgas**, heridas ni rasguños en la piel.

*¡El cachorro más juguetón también puede ser el más difícil de entrenar!*

# Rápido crecimiento

Tu cachorro crecerá y se convertirá en adulto en alrededor de un año. Antes de elegir un cachorro, averigua qué tamaño tendrá cuando termine de crecer. Los perros grandes necesitan más espacio, ejercicio y alimento que los pequeños. ¿Tienes lugar suficiente en tu casa para un perro grande?

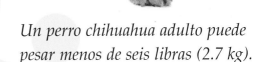

*Un perro chihuahua adulto puede pesar menos de seis libras (2.7 kg).*

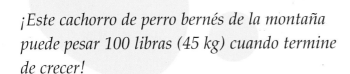

*¡Este cachorro de perro bernés de la montaña puede pesar 100 libras (45 kg) cuando termine de crecer!*

13

# ¡Bienvenido a casa!

Antes de llevar el cachorro a tu casa, asegúrate de que tengas todo lo necesario para cuidarlo bien.

El cachorro necesita un tazón para el alimento y otro para el agua.

collar

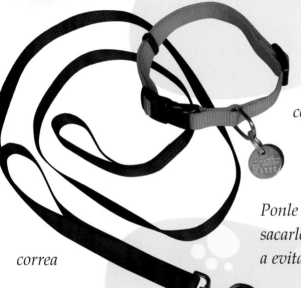

correa

Ponle un **collar** al cachorro antes de sacarlo a la calle. La **correa** te ayudará a evitar que se vaya corriendo.

**cepillo de cerdas**

**cepillo de alambre**

Necesitas un cepillo para acicalar el pelaje del cachorro.

Elige varios juguetes para que el cachorro juegue.

# La siesta

Un cachorro necesita dormir mucho. Puedes hacerle una cama con una caja de cartón, o comprarle una especial para mascotas. Ponla en un rincón tranquilo de tu casa. ¡Asegúrate de que tu familia y tus amigos dejen solo al cachorro cuando está durmiendo!

El cachorro tal vez duerma mejor si escucha el tictac de un reloj. Ponle uno en su cama.

## Adaptación

Cuando lleves a tu nuevo cachorro a casa por primera vez, puede estar asustado. Tiene que acostumbrarse a ti y a tu familia. Ten paciencia y sé gentil. ¡Pronto tu cachorro querrá jugar y explorar!

# Comida para perros

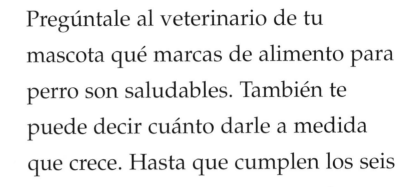

Pregúntale al veterinario de tu mascota qué marcas de alimento para perro son saludables. También te puede decir cuánto darle a medida que crece. Hasta que cumplen los seis meses, los cachorros necesitan comer tres o cuatro veces por día. Los perros mayores necesitan comer sólo una o dos veces por día.

*alimento enlatado*

*alimento seco*

*Tanto el **alimento seco** como el **alimento enlatado** pueden ser muy saludables para tu cachorro. Sin embargo, el alimento seco se conserva mejor.*

# Agua fresca

El cachorro necesitará un tazón con agua fresca. ¡Mantén el tazón lleno de agua todo el día! Asegúrate de limpiar los tazones de agua y alimento de tu cachorro todos los días.

*Tu mascota sólo necesita beber agua fresca.*

## Comida para personas

¡Ten mucho cuidado si le das a tu cachorro o perro cualquier otro alimento que no sea para perros!

- Puedes darle al cachorro bocados de carne de res cocida. ¡Nunca le des un hueso! El cachorro se puede ahogar con él.

- Si come **productos lácteos**, como leche o helado, se enfermará.

- ¡Nunca le des huevos ni carne cruda!

- Incluso una pequeña cantidad de chocolate puede hacer que tu cachorro se enferme mucho.

# Educación

Enséñale a tu mascota cuándo y dónde puede ir al baño. Este entrenamiento se llama "educación". Debes ser **constante**, o regular, con el entrenamiento. Si repites las mismas acciones una y otra vez, el cachorro pronto comprenderá lo que quieres que haga. ¡Recuerda ser paciente cuando esté aprendiendo!

*Puedes proteger el piso de tu casa con periódicos mientras estás educando a tu perro.*

18

# ¡Déjenme salir!

La mayoría de los perros necesitarán ir al baño diez a veinte minutos después de beber agua. Cuando haya transcurrido ese tiempo, ponle la correa y llévalo a un buen lugar afuera. Usa el mismo lugar todas las veces para ayudarle a recordar lo que debe hacer. Felicítalo cuando haya terminado. Espera un rato antes de jugar con tu cachorro.

*Tu mascota atraerá tu atención cuando tenga que salir. ¡Observa las señales de advertencia y sácalo inmediatamente!*

## La limpieza

Si el cachorro tiene un accidente en tu casa, lava el lugar inmediatamente. Limpia el piso con vinagre o un rociador para "accidentes de mascotas", o de lo contrario volverá a ensuciar el mismo lugar.

# Chico mimado

Tu mascota se verá contenta y saludable si la cuidas bien. Dedica un momento cada semana a acicalar a tu perro. Tal vez un adulto tenga que ayudarte con algunas de estas tareas.

## Corte de uñas

Si las uñas del cachorro hacen ruido en el piso, están muy largas. Pídele al veterinario que te enseñe a cortar los extremos curvados de las uñas del cachorro con un cortaúñas especial.

## Dientes saludables

La comida crujiente y los juguetes duros ayudan a mantener los dientes y las encías de tu cachorro limpios y sanos. También le puedes cepillar los dientes con pasta especial para perros.

# Acicalar a tu perro

El cepillado es una parte importante de la limpieza de tu mascota. Lentamente, pasa el cepillo por el cuerpo del perro. Mientras lo haces, busca pelo **enmarañado** o enredado. Desenrédalo suavemente con los dedos. También fíjate si tiene las orejas sucias. Los perros que tienen pelo largo en las orejas pueden requerir de tu ayuda para mantenerlas limpias. Lava la parte exterior de las orejas con una toalla húmeda. Mientras lo acicalas, revisa si tiene pulgas.

*A los perros de pelo largo hay que cepillarlos cada tercer día. Usa un cepillo de alambre y hazlo con mucha suavidad.*

*A los perros de pelo corto hay que cepillarlos una vez a la semana con un cepillo de cerdas.*

# Buen comportamiento

Tu cachorro necesita que le enseñes cómo comportarse. Entrenarlo puede llevar mucho tiempo. ¡Ten paciencia! Los perros adultos entrenados son felices y se comportan bien. Dedica diez a veinte minutos todos los días al entrenamiento de tu cachorro. Enséñale cómo comportarse dentro y fuera de la casa.

## Órdenes básicas

Comienza a entrenar a tu cachorro con **órdenes** o instrucciones, como "sentado" o "quieto". Primero, muéstrale lo que quieres que haga. Por ejemplo, guíalo suavemente para que se siente mientras le dices, "sentado". Dile lo bien que lo hizo y dale un premio cuando se haya sentado. Repítelo muchas veces. Pronto, tu cachorro se sentará cuando digas "sentado". ¡No dejes de felicitarlo cada vez que lo haga bien!

# ¡Buen chico!

Tu mascota quiere complacerte. Siempre felicítalo cuando se comporte bien. Nunca lo golpees ni le grites, o te tendrá miedo.
Diviértete con tu cachorro después de entrenarlo. ¡Así querrá que lo sigas entrenando!

*También puedes entrenar a tu cachorro para que haga cosas divertidas. ¡Este perro está "dando la mano"!*

## Escuela para perros

Para cuando tu cachorro tenga seis meses, ya debe saber algunas órdenes básicas. Es momento de ir a una **escuela de obediencia**, donde se entrenan perros. Un buen entrenador te mostrará cómo lograr que tu perro te obedezca. Tú y tu cachorro aprenderán muchas órdenes.

# Hora del recreo

Dedica alrededor de media hora todos los días a divertirte con tu cachorro. ¡El ejercicio regular les hará mucho bien a los dos! A los cachorros les encantan los juegos. Prueba distintos juegos y averigua cuáles le gustan. A muchos cachorros les encanta atrapar un frisbee, un palo o una pelota. ¡Algunos hasta jugarán a las escondidas contigo!

*¡Tu cachorro estará muy emocionado de jugar contigo!*

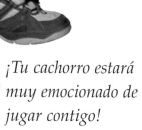

# Carrera divertida

La mayoría de los perros tienen que salir a caminar o correr por lo menos una vez al día. Después de que tu cachorro haya ido por primera vez al veterinario, ya puede salir a la calle con una correa. Sólo le puedes quitar la correa si estás en un lugar cercado.

## Regreso seguro

Cuando el perro esté afuera, debe llevar una placa en el collar con tu nombre y dirección. Si se pierde, alguien te lo devolverá. En algunos lugares, es ilegal que los perros no usen collar con placa de identificación.

# Entender el mensaje

Tu cachorro enviará mensajes a las personas y a otros animales. Los perros hacen ruidos para que los demás sepan cómo se sienten. Puede ladrar si está entusiasmado, gruñir si se ve amenazado o aullar cuando se siente solo. También usan el **lenguaje corporal** para mostrar cómo se sienten. Para expresar sus sentimientos, mueven las orejas, el hocico y la cola de distintas formas.

*Este perro está levantando las orejas. Siente curiosidad por algo que ve.*

*Este perro agacha la cabeza y mueve las encías hacia atrás. Esta conducta muestra que es **sumiso**. Cuando un perro es sumiso, ¡te está diciendo que eres el jefe!*

*Este perro tiene la cola entre las patas para mostrar que tiene miedo y que será sumiso.*

*Este perro tiene la cola levantada y la mueve en el aire. ¡Está entusiasmado y tiene ganas de jugar!*

## ¡Grrr!

Un perro que se siente amenazado puede mirar fijamente aquello que lo alteró. También puede mostrar todos los dientes y dar miedo. Si tu mascota comienza a actuar así, puede ser difícil para ti mantenerlo bajo control. Avísale a un adulto si tu perro comienza a ser **agresivo** o a estar enojado.

# Medidas de seguridad

Respeta el **territorio**, o espacio personal, de tu mascota. Una de las maneras en que un perro protege su espacio es mordiendo. Si molestas a un perro mientras come o tratas de quitarle un juguete, te puede morder. Debes entrenar a tu cachorro para que comparta su territorio. Esto protegerá a otras personas cuando estén cerca de tu perro.

*Dile a tus amigos cuándo pueden acariciar a tu cachorro y cuándo deben dejarlo solo.*

## ¡Ten cuidado!

Un perro puede dar aviso de que va a atacar. Ten cuidado si muestra los dientes, gruñe o achata las orejas. Si el perro te ataca, permanece lo más tranquilo que puedas. No lo mires a los ojos. Permanece muy quieto y di "no" con voz firme. Si le gritas o tratas de correr, el perro puede ponerse más nervioso.

### ¡Pelea de perros!

Si tu perro pelea con otro, no trates de separarlos. ¡Podrías salir lastimado! Retrocede lentamente y busca a un adulto que pueda manejarlos.

# Visita al veterinario

Apenas tengas a tu cachorro, llévalo al veterinario. Él lo revisará para ver si está enfermo. También le inyectará **vacunas** para evitar que se enferme más adelante. Llévalo al veterinario todos los años para un chequeo regular y vacunación. También considera que lo **castren**. Un perro castrado no puede tener crías.

*El veterinario es un médico para animales. Te ayuda a que tu mascota esté sana.*

30

# Buena salud

Si el cachorro alguna vez se enferma o se lastima, llévalo al veterinario inmediatamente. ¡Nunca le des medicina para otros animales o para personas! Si lo ayudas a estar sano, ¡tu perro y tú estarán juntos por mucho tiempo!

## Obtén ayuda

Si el cachorro vomita, se desmaya o cojea, llévalo al veterinario inmediatamente. Cuando lo acicales, revísale los ojos, las orejas y el hocico. Si ves un líquido amarillo y espeso en alguno de estos lugares, tienes que llevarlo al veterinario. Otros signos de enfermedad son somnolencia, beber mucha agua y no comer la cantidad usual de comida.

# Palabras para saber

**Nota:** Es posible que las palabras en negrita que están definidas en el texto no aparezcan en esta página.

**alérgico** Palabra que describe a alguien que tiene una reacción física a algo, como un alimento o caspa de animales

**castrar** Hacer que un animal no pueda tener crías

**criador** Persona que reúne perros para que tengan crías

**educado** Palabra que describe a un animal que está entrenado para hacer sus necesidades en el lugar correcto

**entrenar** Enseñarle a un animal cómo comportarse

**lenguaje corporal** Tipo de comunicación que usa movimientos del cuerpo para expresar sentimientos

**productos lácteos** Alimentos hechos con leche y otros derivados de la leche

**pulgas** Pequeños insectos picadores que viven en la piel de los animales

**refugio de animales** Centro donde albergan y cuidan animales que no tienen dueño

**vacuna** Manera de proteger el cuerpo contra enfermedades

**veterinario** Un médico que atiende animales

# Índice

1 2 3 4 5 6 7 8 9 0 Impreso en Canadá 5 4 3 2 1 0 9 8 7 6